D0605048

LES ARTS DÉCORATIFS

FÉLIX GAUDIN

PEINTRE-VERRIER

LE VITRAIL

DU XIIᵉ SIÈCLE AU XVIIIᵉ SIÈCLE

50 ILLUSTRATIONS

PARIS

LIBRAIRIE ERNEST FLAMMARION

LES ARTS DÉCORATIFS

LE VITRAIL

LES ARTS DÉCORATIFS

DEPUIS L'ANTIQUITÉ JUSQU'AU XIXe SIÈCLE

CETTE collection de précis sur l'histoire de l'art forme la suite et le complément de la collection

" LA GRAMMAIRE DES STYLES "

On y trouve la même clarté d'exposition, la même concision de style, le même choix d'illustrations démonstratives permettant de saisir aisément la caractéristique des styles et de suivre leur évolution.

Chaque volume (15,5 × 22) contient 60 à 80 illustrations.

Les Meubles (3 vol.), par Guillaume JANNEAU, Administrateur du Mobilier National, professeur à l'École du Louvre.
> Tome   I : *De l'Antiquité au Style Louis XIV.*
> Tome   II : *Les Styles Louis XV et Louis XVI.*
> Tome III : *Les Styles Directoire et Empire.*

Les Sièges (2 vol.), par Guillaume JANNEAU.
> Tome I : *De l'Antiquité au XVIIe siècle.* - Tome II : *XVIIIe et XIXe siècles.*

Le Luminaire, par Guillaume JANNEAU.
> (Flambeaux, Candélabres, Bras d'appliques, Lustres, Lanternes, etc.)

La Tapisserie de Haute et Basse Lisse, par Louis GUIMBAUD.

La Ferronnerie d'Art, par Raymond SUBES, Ferronnier d'art.

Le Vitrail, par Félix GAUDIN, Peintre-Verrier.

Le Costume, par J. RUPPERT, Professeur aux Écoles d'Art.
> Tome   I : *Antiquité, Moyen Age.* - Tome II : *Renaissance, Louis XIII.*
> Tome III : *Louis XIV, Louis XV.* - Tome IV : *Louis XVI, Directoire.*
> Tome   V : *XIXe siècle.*

Costumes des Provinces Françaises, par Charles BRUN, 2 Tomes.

La Céramique (Faïence et Porcelaine), par J. GIACOMOTTI.
> Tome I : *La Faïence en Grèce, en Egypte et en Chine* (97 figures en noir et 4 planches en couleurs). - Tome II : *Faïence en Europe* (83 figures en noir et 4 planches en couleurs). - Tome III : *Faïence fine et Porcelaine* (71 figures en noir et 4 planches en couleurs).

Les Jardins, par G. RÉMON.

LES ARTS DÉCORATIFS

LE VITRAIL

DU XIIe SIÈCLE AU XVIIIe SIÈCLE

EN FRANCE

PAR

Félix GAUDIN

PEINTRE - VERRIER

Ouvrage orné de 57 illustrations

Quatorzième Mille

FLAMMARION

26, Rue Racine, 26 — Paris

LE VITRAIL

INTRODUCTION

La France a de tout temps manifesté un goût exceptionnellement vif pour la décoration translucide de ses monuments et l'incomparable suite d'œuvres maîtresses qu'un effort ininterrompu de sept siècles a accumulée sur tous les points de son territoire, expression parfaite de son art populaire, constitue un ensemble, unique au monde et que toutes les nations nous envient. Bien que cet héritage ne soit pas rigoureusement intact, car beaucoup de vitraux ont disparu ou pâti, tant de morsures du temps que de la négligence, de la maladresse ou du vandalisme des hommes, les ouvrages restant ont, en général, conservé leur beauté et leur caractère et méritent d'autant plus l'attention, qu'à mesure qu'on les étudie plus attentivement, on les goûte davantage et on admire plus complètement l'art, la science, l'ingéniosité de leurs créateurs.

Au premier abord leur complexité semble extrême et peu favorable à une classification et une chronologie quelque peu méthodiques; on ne tarde pas cependant, à remarquer que les particularités résultant de la nature de leurs matières constitutives, de leur conservation variable, du graphisme des dessins narratifs ou ornementaux, de l'épigraphie dans ses formes si variées, de l'évolution des costumes, des modes d'interprétation des cartons, des variations iconographiques etc..., les ont pourvus de critériums assez nets pour permettre, très souvent, d'attribuer à tel ou tel ouvrage l'époque de sa création avec une précision, sans doute pas absolue, mais très suffisante.

On peut dire que, par une heureuse rencontre, dans ce vaste cycle de production, des signes caractéristiques correspondent assez sensiblement à chacun des sept siècles (xii⁰ à xviii⁰), pour permettre d'attribuer à un ouvrage la date d'une de ces périodes.

Cette étude de l'époque des vitraux appelle quelque connaissance de la technique très particulière qui les a créés et afin d'éviter les erreurs d'appréciation, il faut se méfier de certaines terminologies approximatives parfois employées pour les décrire.

Les mots « vitraux peints », souvent appliqués aux verrières historiées, risquent d'incliner l'esprit vers l'idée que la mise en œuvre d'un vitrail comporte la coloration, par le maître-verrier lui-même, des verres qu'il emploie, ce qui est une erreur complète.

Tout vitrail commence par être une marqueterie de pièces inégales et multiples minutieusement découpées à la demande des cartons, dans des verres de couleurs et de natures différentes, *fabriqués à la verrerie,* et maintenus juxtaposés par un réseau de plombs, à double rainure, qui les retient solidement en panneaux maniables. Dans cet état, il n'est encore qu'une étape, un schéma vaguement indicatif du sujet à exprimer, une sorte de carte muette, qui ne deviendra intelligible que lorsque y auront été transportés, par calque, copie, retouches, d'après les indications du carton, les traits, silhouettes, demi-teintes, hachures, etc..., indispensables pour accuser les formes et les rendre lisibles, dans leurs moindres détails. Les cartons sont donc toujours dessinés, grandeur d'exécution, et arrêtés avec une énergique précision, pour permettre au traducteur de les reproduire très exactement.

Le vitrail se compose donc de deux éléments liés indissolublement et cependant indépendants; un agrégat de taches de couleur puissant, brillant, harmonieux, dont les formes, malgré le lacis de plomb qui les cerne, demeurent vagues et inexpressives, tant que le dessin proprement dit, opaque monochrome et énergique, réalisé par l'apport de la grisaille, rendue indélébile par vitrification n'a pas élucidé, affermi et précisé, dans ses moindres détails, l'esquisse initiale. La transformation de l'ébauche colorée, mais vague, qu'est d'abord ce substratum en l'image énergique, précise et vibrante qu'est le vitrail terminé, est donc œuvre de dessinateur bien plus que de peintre et elle joue dans la genèse de l'œuvre un rôle capital.

Outre que cette dualité de constitution, faisant jouer simultanément, mais séparément, les couleurs et les silhouettes, fournit déjà des critériums précieux, l'assujettissement de cet Art à une technique sévère et presque tyrannique, l'a marqué, au cours de son évolution séculaire, d'empreintes durables et visibles, capables également, de fournir sur les époques d'utiles indications.

Des facteurs très divers, qu'il ne faut pas ignorer, sont intervenus, de tout temps, dans la genèse des vitraux parce qu'ils ont rempli un rôle à la fois utilitaire et esthétique, dont les exigences, parfois contradictoires, ont laissé des empreintes encore discernables aujourd'hui.

Les possibilités décoratives ont été influencées ou dominées par des convenances ou des nécessités d'un ordre parfois tout autre que le conditionnement matériel. C'est ainsi que l'introduction, dans une verrière, de zones relativement claires a été motivée, parfois par la recherche d'une luminosité nécessaire, souvent aussi, par des nécessités budgétaires; l'écart de prix étant énorme entre les verres de pleine coloration et les incolores. Enfin, il faut noter que, de tout temps, on s'est complu à transporter les vitraux d'une fenêtre à une autre, ou d'un monument dans un autre, besogne facile, car ils sont taillables à merci, mais dont les résultats rendent les appréciations et les identifications bien laborieuses, lorsque quelques siècles ont passé sur ces bouleversements et y ont apposé leur patine.

Cette patine, due, non à une modification chimique des verres, mais au dépôt, par gravité, de multiples substances éparses dans l'atmosphère : poussières, débris végétaux, tontisses de textiles, résines ou suies venant de l'encens ou de l'éclairage, tapisse, à la longue, les vitraux d'une sorte de vernis semi-opaque qui en modifie l'aspect très heureusement. Elle constitue un des facteurs notables de leur charme en les revêtant d'un velours somptueux et vibrant que les artifices de maquillage les plus subtils ne sauraient égaler.

Il faut savoir aussi que, de tout temps, les cartons ont servi à plusieurs traductions successives et que ce réemploi, parfois déguisé par un artifice de retournement, s'est produit, même d'un siècle à l'autre, malgré l'évolution des goûts et des techniques.

On peut tout d'abord, classer les vitraux en deux catégories maîtresses. Du xiie siècle à la fin du xive ce sont des œuvres puissantes, conventionnelles, hiératiques, destinées nettement à un rôle monumental et éducateur, ouvrées par des artistes modestes, disciplinés et nullement épris d'individualisme.

Puis du xve au xviiie siècle, la forte tutelle des maîtres d'œuvre et du clergé s'affaiblit, les compositions deviennent plus libres, plus variées, plus humaines, plus réalistes, elles s'inspirent de la nature, font des emprunts à d'autres arts, enfin, laissent nettement apparaître la personnalité de leurs auteurs.

Dans la première période, la faible variété des matières employées et l'uniformité de la technique marquèrent les formules adoptées d'une empreinte d'énergie et de simplicité très nette.

Plombs robustes au rabot, verres épais, inégaux, vibrants, puissants, coupés à petits éléments, extrême simplicité de composition, traduction énergique au maximum, furent les caractéristiques communes à tous les vitraux du xiie à la fin du xive siècle.

Avec le xve, la filière mécanique substituée au rabot pour la fabrication du plomb bouleverse cette discipline de robustesse si tutélaire. Avec les plombs amenuisés, apparurent, bien vite, les verres minces plats et décolorés. Ce fut la porte ouverte à toute une échnique plus savante et plus expéditive mais bien moins énergique car, en même temps que les moyens de mettre en œuvre le verre et le plomb se perfectionnaient, la découverte de l'imprimerie et de la gravure inclinaient le goût vers une coloration plus timide et une originalité plus relative !

Cette moindre robustesse des ouvrages se révéla brutalement, dès le xviᵉ siècle, par la décrépitude des plombs. La destruction des vitraux est due, en général, non aux intempéries, qui les modifient peu, mais au ravage de microorganismes végétaux qui les corrodent à fond. Des lichens tapissent le verre et s'y incrustent à ce point que leurs racines arrivent à le perforer, avec le temps, mais leur victime plus prompte est le plomb que leur respiration imprègne d'acide carbonique et transforme, en moins d'un siècle en une matière sans consistance. Cette double attaque est très visible, les plombs devenant noirs et pulvérulents; quant aux verres, ils sont creusés, aux points d'implantation des lichens, par des cavités très apparentes.

Le xviᵉ siècle mit à l'apogée toutes les conquêtes esthétiques et toutes les ressources techniques de l'Art du Vitrail. Artistes et artisans rivalisèrent, alors, pour créer des ouvrages vraiment parfaits. Mais le goût s'orienta désormais, non plus vers les œuvres puissantes et monumentales, mais vers les productions châtiées et aimables, défendues par une véritable virtuosité d'exécution. Cependant les verriers ne se laissèrent pas griser par certains procédés nouveaux et respectèrent les techniques anciennes dans leurs lignes principales.

Le xviiᵉ siècle mésusa immédiatement des ressources incomparables qui lui étaient offertes et, par une extension maladroite de l'usage des émaux vitrifiables, dévoya si complètement, l'ensemble des techniques qu'en peu d'années le public se détourna complètement de l'Art du Vitrail qui ne fit plus que végéter et agoniser pendant les xviiᵉ et xviiiᵉ siècles.

L'histoire du vitrail, dans ses grandes lignes, peut donc se résumer de la sorte :

Du xiiᵉ au xvᵉ siècle, phase brillante et constamment ascensionnelle :

Au xviᵉ siècle, palier et plein épanouissement esthétique et matériel :

Avec le xviiᵉ, abandon des saines techniques, brusque et rapide décadence aboutissant, au xviiiᵉ siècle, à la complète disparition.

CHAPITRE PREMIER

LE XIIe SIECLE

Origine. — L'emploi du vitrail en France est certainement antérieur au XIIe siècle, car les ouvrages auxquels cette époque peut être attribuée, avec certitude, témoignent d'une telle maîtrise qu'il n'est pas possible qu'un art, dominé par des contingences matérielles et esthétiques aussi puissantes, ait, en quelques lustres, atteint cette plénitude de technique ; mais, à partir du XIIe siècle, on possède pour l'étudier, à la fois des témoins très probants dans les monuments, et divers écrits, par lesquels tous les rites de fabrication sont minutieusement décrits.

Cl. Serv. pho . B.-A.

Fig. 1. — Châlons-sur-Marne.

Dessin. — Une énergique simplicité, un grand caractère, un tracé assez byzantin, un coloris hardi, des silhouettes puissantes, tels sont les caractères qui apparaissent de prime abord dans un vitrail du XIIe siècle.

Les personnages, généralement de faible dimension, sont très expressifs, avec des nus fortement accentués, sous les draperies qui les accusent avec fermeté, en même temps que leurs extrémités libres s'envolent avec une hardiesse élégante. Les modelés des chairs sont exprimés avec une savante

Fig. 2. — Poitiers.

énergie et les moindres détails rendus avec une minutie expressive.

Fig. 3. — Le Mans.

Cl. Serv. phot. B.-A.
Fig. 4 — Le Mans.

Technique. — Les verres coupés à petits éléments sont d'un coloris puissant, mais jamais violent, à cause de leur inégalité d'épaisseur et de matières. L'emploi de nappes presque incolores intervient parfois, mais ne désharmonise pas les ensembles, grâce à la nature extrêmement vibrante des verres (fig. 1). Les plombs, ouvrés au rabot, sont d'une invariable robustesse et très savamment tracés pour l'accentuation des silhouettes.

Là où besoin est, les formes qu'ils indiquent sont affirmées par un trait vitrifié, nettement opaque, ou par des demi-teintes assez épaisses, mais allégées par des enlevages clairs à la pointe, faisant apparaître le ton local.

Épigraphie. — Les inscriptions jouent un rôle important, décoratif en même temps qu'utilitaire. Les lettres, de style romain, sont disposées en rangées horizontales, verticales ou circulaires et tracées souvent en silhouettes claires, sur des fonds opaques (fig. 6 et 7).

Les groupes de personnages sont la formule la plus fréquente et les grandes figures peu employées; en tous cas on n'en trouve pas de gigantesques. En général, les éléments vraiment narratifs sont disposés de manière à occuper la majeure partie des espaces libres (fig. 5, 6, 7, 8).

Cl. Serv. phot. B.-A.

Fig. 5. — Poitiers.

Les ornements d'architecture sont rares, de faible surface et de tracé conventionnel. Les intervalles entre les scènes, trop notables pour rester nus, sont meublés, plutôt par des motifs empruntés à la flore ou à la faune que par des jeux de fonds à combinaisons géométriques (fig. 6, 7).

Du reste, à cette époque, la dimension des baies, généralement faible, n'incite guère le décorateur à rechercher des artifices de remplissage, et la plupart des éléments des verrières sont significatifs.

Cl. Serv. phot. B.-A.

Fig. 6. — Le Mans.

Iconographie. — Les scènes de l'Ancien et du Nouveau Testament, la vie de la Vierge, la Passion, fournissent, avec les épisodes de la vie des Saints, choisis dans les périodes tragiques de leur vie, la plupart des thèmes interprétés.

Les compositions sont ingénieuses, simples, expressives ; rarement mystiques, avec un parti pris d'éliminer tout personnage ou objet non indispensable et de présenter les protagonistes dans leurs silhouettes, à la fois les plus nobles et les plus lisibles.

Les gestes et les modelés des chairs sont puissamment exprimés et traduits, avec le maximum de relief. Le dessin, plus naïf que châtié, vise toujours à la puissance et présente parfois des écarts de proportions peu académiques. Des personnages, même les plus importants, figurent dans des attitudes peu conformes aux lois de la pesanteur, ou même suspendus en l'air.

Les programmes visent évidemment à la simplicité et à la facile compréhension, aussi voit-on intervenir des inscriptions, même là où les compositions semblent avoir une complète intelligibilité. La volonté apparaît de donner au vitrail un rôle d'enseignement,

Cl. Serv phot. B.-A.

Fig. 7. — Le Mans.

autant que de décoration, sans que l'une des tendances nuise à l'autre. Outre les scènes consacrées aux personnes divines, ou aux Saints très notoires, on voit apparaître des fictions telles que l'arbre généalogique du Christ (Tige de Jessé), parfait élément d'éloquence décorative et didactique. La vanité parle déjà et les donateurs sont représentés soit par des personnages agenouillés soit par des attributs de métiers.

Les bordures sont habituellement importantes (fig. 2), d'un coloris puissant et font intervenir, outre de riches entrelacs, la flore et la faune interprétées très conventionnellement par un travail minutieux et énergique. Dans tous les détails, inscriptions, nielles, feuillages, ornements vestimentaires, les enlevages à la pointe interviennent et donnent aux ouvrages une netteté tout à fait caractéristique de l'époque.

Grisailles. — Les entrelacs incolores, dits grisailles cisterciennes, formule très spéciale de cette époque, furent imaginés, pour respecter la règle de Cîteaux, qui interdisait les vitraux ayant couleurs ou figures (fig. 9).

Cette disposition, grâce à des verres épais et inégaux, assez peu

Fig. 8. — Le Champ.

teintés pour être dits incolores, et plutôt translucides que transparents, donna par les enchevêtrements de ses multiples éléments, dans des plombs robustes, une lumière chatoyante, mi-nacrée, mi-vermeille préférable à l'aspect que l'on obtint plus tard dans la confection de grisailles, en travaillant au

Cl. Gaudin.
Fig. 9. — Aubazine.

trait une partie de ces verres incolores, au lieu de les enrichir par un réseau de plomb serré.

Si nous ne connaissons pas à cette époque d'exemples certains de grisailles accompagnées de trait, il y eut vraisemblablement des vitreries historiées mixtes, dans lesquelles un bestiaire coloré s'enlevait en vigueur sur des fonds incolores. Malheureusement, de cette formule, représentée par les célèbres Griffons de la basilique de Saint-Denis, on ne possède que des fragments insuffisants pour rétablir, avec certitude, l'ordonnance dont ils faisaient partie.

En résumé, la netteté, la simplicité, l'énergie des mouvements, la puissance et l'harmonie du coloris, la vigueur de la traduction sont les caractères invariables des vitraux du XIIᵉ siècle.

Tous leurs éléments, verres, plombs, dessins, ferrures, moyens de traduction affirment, outre une science précise et disciplinée, la même volonté d'expression à la fois puissante et harmonieuse.

Les parties de coloration les plus hardis et les plus variés ont été alors tentés avec succès, comme par exemple l'emploi de fonds d'ornement, verts, pourpres, jaunes et non pas uniformément bleus et rouges, audace que les artistes des siècles suivants oseront à peine reprendre timidement.

Voici l'indication des principaux monuments français dans lesquels il existe encore des vitraux du XIIᵉ siècle en quantité appréciable :

Angers (Cathédrale), Aubazine, La Bénisson-Dieu, Bonlieu, Châlons-sur-Marne (Cathédrale), Le Champ, Chartres (Cathédrale), St-Denis (Basilique), Le Mans (Cathédrale), Lyon (Cathédrale), Normée, Poitiers (Cathédrale), Pontigny, Strasbourg (Cathédrale), Varennes, Vendôme.

Chapitre II

LE XIIIe SIÈCLE

Avec le début du xiiie siècle, les tendances ne se modifient pas et nous trouvons même préoccupation d'embellir tout en instruisant les fidèles, même subordination des artistes au clergé et aux maîtres d'œuvre, même fidélité aux traditions de robustesse et de bonne exécution, même technique d'ensemble, pour la mise en œuvre des ouvrages.

La perfection de cette technique est complète et il faut noter avec quelle minutieuse maîtrise, dans toutes les contingences dont dépendent la beauté et la solidité des vitraux, les solutions furent obtenues.

Grâce à la générosité des fidèles les questions pécuniaires ne pesèrent pas sur le choix des formules et les divers types de vitraux furent répartis judicieusement, au mieux des convenances décoratives, liturgiques ou pratiques, c'est-à-dire, en plaçant les ouvrages délicats, à petite échelle, dans les meilleures conditions pour la visibilité et la mise en relief des parties spécialement honorables du monument, en renvoyant dans les fenêtres hautes les grands personnages et mélangeant dans les régions moyennes les ouvrages historiés avec ceux moins expressifs dont la coloration atténuée visait principalement à la luminosité.

Les facteurs matériels ne reçurent pas moindre satisfaction. Les ferrures, d'une robustesse élégante, furent réalisées selon des modes variés, mais d'une invariable simplicité, pour demeurer à l'épreuve de la rouille. Elles furent, non pas scellées au mortier de chaux, cause de rouille foisonnante et de ruine de la pierre, mais isolées par un coulis de plomb ou un bloc de chêne. Les calfeutrements furent faits avec un mélange d'argile et de bourre, solide contre les intempéries mais facile à dégrader pour les réparations.

Au bas des baies, le seuil fut disposé en contre-feuillure de manière à rejeter au dehors les eaux de pluie ou de condensation.

Ordonnance générale. — L'ensemble des verrières d'une église n'était alors rien moins qu'un catéchisme puissamment illustré, ouvert en permanence pour le régal des yeux et l'éveil des esprits, dans lequel les foules venaient, sans cesse, réapprendre les grands préceptes de leur religion et les actes de leurs Saints préférés. Tout était combiné non seulement pour saisir le spectateur par une sensation agréable, l'élevant pour un instant au-dessus des vulgarités de son existence courante, mais aussi, une fois son attention éveillée, pour le retenir dans cette ambiance mystique par l'attrait d'une pieuse curiosité assurée de n'être pas déçue.

Fig. 10. — Bourges, Cath.

Les modestes « vmagiers » d'alors firent merveille dans la pratique de cet Art populaire et surent admirablement donner à leurs compositions la vigueur et la lucidité nécessaires pour qu'elles fussent comprises, même par les plus simples.

Le développement offert au vitrail par l'augmentation en nombre et en surface des fenêtres, par l'apparition de nouveaux types de baies tels que les vastes rosaces, influença naturellement les formules existantes.

Dans les ouvertures vastes et éloignées de l'œil les scènes légendaires, si habituelles au XIIe siècle, se raréfièrent en raison de la dépense qu'elles auraient entraînée et de leur médiocre visibilité à grande distance. Elles furent souvent remplacées par des personnages isolés de grande dimension accompagnés de quelques ornements

Photo Houvet

Fig. 11. — Chartres, Cath.

d'architecture (fig. 10). C'est dans les fenêtres relativement proches du sol que les groupes de personnages multiples trouvèrent habituellement leur place. Ils furent, dès lors, agencés dans des formes plus nombreuses et plus pittoresques que le carré ou le cercle et au lieu de s'en tenir aux barres horizontales et verticales pour les porter, on les logea dans de robustes ossatures en fer dont les membrures au tracé élégant et varié fournirent un appoint très notable de puissance décorative. L'accroissement de dépense fut sensible mais combien justifié par l'augmentation de beauté et de robustesse qui en résulta (fig. 11-13).

2

Iconographie. — Les programmes généraux différèrent peu de ce qu'ils étaient auparavant.

L'Ancien Testament, la vie du Christ et de la Vierge, les arbres généalogiques, les légendes des Saints, etc..., en fournirent les thèmes habituels, mais le mélange dans une même baie, de parties nettement signi ficatives (scènes, groupes, personnages isolés, tableaux de métiers, etc.) toutes de pleine coloration, avec des ornementations annexes (enroulements végétaux, jeux de fonds géométriques ou héraldiques, bordures, grisailles), traduits en des matières de valeur coloree diffé-

Fig. 12. — Semur.

rente enfanta une variété de formules notable (fig. 11, 16 et 17).

Le mode d'expression, dans ces différents types, demeura apparenté à celui des ouvrages du XIIᵉ siècle, avec, pourtant, un moindre archaïsme.

Les personnages tout en conservant un grand caractère perdirent de leur byzantinisme un peu outré. La traduction (des cartons) se maintint énergique et le rendu expressif, avec toutefois une accentuation un peu moindre ; les chairs, les draperies, les ornements de détail, les nielles furent travaillés plus légèrement et les enlevages à la pointe se firent plus rares. Les outrances de dessin furent moins fréquentes que précédemment et l'effort vers une correction satisfaisante fut manifeste ; les personnages présentés, autrement que debout ou assis, furent pourvus de supports assez normaux.

Traduction conventionnelle. — Les rivières, monuments, plantes, forêts, furent extrêmement stylisés et traduits selon une

graphie toute conventionnelle, les vêtements des protagonistes furent approxi-
mativement romains
ou fantaisistes, tandis
que les meubles, ou-
tils, engins, accessoi-
res professionnels,
fréquents dans les re-
présentations de mé-
tier, furent scrupu-
leusement copiés sur
nature, fournissant, à
cause de cette préci-
sion, une documen-
tation des plus inté-
ressantes.

Roses. — Pour les
rosaces, le décor
s'inspira des disposi-
tions des verrières
aux armatures déco-
ratives. Avec la plus
grande fermeté d'as-
pect que donnaient
les membrures en
pierre substituées
aux ossatures métal-
liques, ce parti four-
nit des solutions très
heureuses. Les prin-
cipaux lobes avec des
scènes, des angelots,
des attributs de mé-
tiers ou de saisons,
des armoiries, des
inscriptions (fig. 14),

Fig. 13. — Sens, Cath.

des jeux de fond composèrent des ensembles très harmonieux.

Grisailles. — Les grisailles, probablement par économie, prirent une importance très considérable, soit qu'elles meublas-

Fig. 14. — Chartres, Cath.   Photo Houvet.

sent les baies tout entières, soit qu'elles fussent mélangées, en proportion variable, avec des parties de plus franche coloration : personnages, scènes, bordures, armoiries, etc. (fig. 15 et 16).

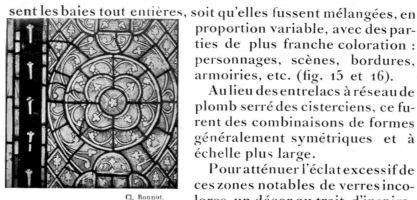

Cl. Bonnot.

Fig. 15. — Vendôme.

Au lieu des entrelacs à réseau de plomb serré des cisterciens, ce furent des combinaisons de formes généralement symétriques et à échelle plus large.

Pour atténuer l'éclat excessif de ces zones notables de verres incolores, un décor au trait, d'inspiration végétale, toujours très interprété, fut apposé sur leur face intérieure, comportant pour le dessin significatif des traits énergiques et pour les fonds, un quadrillage léger donnant l'impression d'un gris : d'où l'appellation de grisaille.

Les bordures furent, en général, d'importance et de variété bien moindres qu'au XIIe siècle, se réduisant, parfois, à des galons colorés. Habituellement elles consistèrent en rinceaux d'inspiration végétale stylisée, sinueux ou symétriques, formant des motifs courts, répétés sans variété. Les armoiries leur fournirent aussi de fréquents éléments et

Fig. 16. — Chartres, Cath.

meublèrent, à différentes échelles, tantôt les encadrements, tantôt les espaces entre les sujets principaux. Dans d'autres cas, elles prirent plus d'intérêt et leur monotonie fut effacée par l'introduction, à intervalles convenables, de figures allégoriques figurant, par exemple, les vertus et les vices, et paraphrasant, de la sorte, les scènes qu'elles accompagnaient (fig.17).

Donateurs. — L'exhibition d'armoiries n'étant pas suffisante pour satisfaire toutes les vanités, les donateurs se firent fréquemment représenter, soit par des personnages, clercs ou laïcs en posture d'offrande, soit par des groupes de confréries ou des représentations de métiers (fig. 12).

Cl. Gaudin

Fig. 17. — Lyon, Cath.

L'épigraphie devint moins abondante qu'au siècle précédent, malgré ses avantages, tant comme élément décoratif que comme ressource didactique et souvent on peut regretter que des compositions, un peu complexes pour être certainement intelligibles, soient privées de tout texte explicatif. C'est en latin que furent habituellement libellées ces inscriptions.

Qualités d'ensemble. — L'alliance d'une belle tenue artistique constante avec la recherche d'une condition matérielle parfaite dans les moindres détails est la caractéristique des vitraux du XIII⁰ siècle et les importants témoins que nous pouvons étudier démontrent, par leur remarquable conservation, l'excellence des méthodes qui furent alors en vigueur.

Malgré la forte constitution assurée à ces ouvrages par la sévérité d'une technique savante et disciplinée, en dépit de la constante robustesse des verres, des plombs, des ferrures, des scellements, des soins scrupuleux et du contrôle sévère dont leur confection et leur placement étaient l'objet, les maîtres d'œuvre se préoccupèrent de la vulnérabilité d'ouvrages aussi complexes et aussi délicats.

Ils eurent à cœur de leur assurer, dès leur création, le bienfait d'un entretien judicieux et provoquèrent dans ce but des dotations spéciales.

C'est ainsi qu'en 1248, saint Louis, par son acte de donation des vitraux de la Sainte-Chapelle, en spécifiait les moyens d'entretien, à provenir de certaines recettes, ou du Trésor royal, et que plusieurs de ses successeurs confirmèrent ces mesures.

Il reste en France une quantité notable de vitraux du XIII⁰ siècle et on peut les étudier notamment dans les édifices ci-dessous :

Angers (Cathédrale), Auxerre (St-Étienne), Beauvais (Cathédrale), Bourges (Cathédrale), Brie-Comte-Robert, Chartres (Cathédrale), Châteauroux Clermont-Ferrand (Cathédrale), Dijon (Notre-Dame), Essomes, St-Julien-du-Sault Gassicourt, Lyon (Cathédrale), Le Mans (Cathédrale) St-Martin-au-Bois, Moutiers-Hubert, Orbais-l'Abbaye, Paris (Notre-Dame et Ste-Chapelle), Poitiers (Cathédrale et Ste Radegonde), Reims (Cathédrale) Rouen (Cathédrale), Séez (Cathédrale). Semur-en-Auxois Sens (Cathédrale), Soissons (Cathédrale), Strasbourg (Cathédrale), St-Sulpice-de-Favières, Tours (Cathédrale), Troyes (Cathédrale), Vendôme, Wissembourg.

Chapitre III

LE XIVe SIÈCLE

Les verriers du xive siècle fussent vraisemblablement demeurés fidèles aux rites dont une expérience deux fois séculaire avait démontré la valeur, mais leur production fut influencée par l'état d'inquiétude qui caractérisa cette époque où, guerres, pestes, famines furent fréquentes et si elles développèrent la foi et donnèrent un nouvel essor à la construction des églises, favorisèrent très peu l'exécution des travaux somptuaires.

Les besoins de la décoration translucide se révélèrent importants, car la construction des sanctuaires prit un développement considérable en même temps que le nombre et l'amplitude des baies à pourvoir augmentant sensiblement, le concours des verriers devenait plus notable.

Cette demande abondante, encore accrue par la hâte d'être pourvues que témoignaient les paroisses, par suite de l'incertitude du lendemain, alors générale, s'accordait, aussi peu que possible, avec la pénurie pécuniaire qui régnait partout, et pesait particulièrement sur les travaux non indispensables.

Pourtant, aucune modification essentielle de technique ne se produisait qui put réaliser un abaissement du prix des matières premières ou de leur mise en œuvre. Clercs et maîtres d'œuvre demeuraient traditionnels et se montraient peu soucieux de rechercher des formules nouvelles. Pour obtenir l'équilibre entre l'offre et la demande, il fallut recourir à des simplifications, généralement peu favorables à la tenue esthétique des ouvrages, c'est-à-dire accepter des travaux moins soignés et donner aux types nettement économiques une importance considérable.

En conséquence la répartition entre les parties narratives

Photo Perdrizet.
Fig. 18. — Mulhouse, St-Étienne.

des vitraux et les accessoires fut modifiée, ces derniers prenant une importance souvent dominante et, d'une façon générale, tout fut moins soigné et moins énergique, les simplifications et les répétitions d'un type uniforme devinrent fréquentes.

Iconographie. — Les programmes généraux demeurèrent sensiblement ce qu'ils avaient été avec, à la fois, plus de variété et moins d'originalité, car, au lieu d'inventer complètement les thèmes iconographiques, on les emprunta, de très près, aux admirables enluminures des manuscrits, réservoirs abondants de belles compositions. C'est à de telles sources que furent tirées les nombreuses séries de scènes typologiques dans lesquelles les correspondances entre l'Ancien et le Nouveau Testament sont présentées de façon si instructive (fig. 21-22-25).

Symbolisme. — On représenta volontiers aussi, par des images réelles, des sujets plutôt symboliques que mystiques, vertus ou vices et surtout, les œuvres de charité, les Béatitudes (fig. 19).

Les personnages isolés, spécialement en faveur, furent représentés, le plus souvent, alignés dans des niches semblables, parfois aussi, mélangés

Photo Perdrizet

Fig. 19. — Mulhouse, St-Étienne.

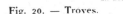

Cl. Bonnot.

Fig. 20. — Troyes.

dans la même baie avec des représentations très différentes comme sujets et comme échelles. La pre- mière de ces dispositions, la plus fréquente malheureusement, donna des ensembles vraiment maussades. La vulgarité du décor banal des alignements d'architectures, co- piés en séries invariables, accentuait fâcheu- sement la monotonie naturelle des person- nages (fig. 18 et 28).

Mais dans certaines régions, les artistes, par des moyens très simples réagirent vic- torieusement contre ce défaut et n'hésitant pas, hardiesse très nouvelle, à faire chevau- cher les meneaux par leurs compositions, dispersant ingénieusement, dans les diverses

Fig. 21. — Mulhouse.

travées de la baie, personnages, groupes, allégories, armoiries,

Fig. 22. — Mulhouse.

inscriptions, etc. Ils réalisèrent des ordonnances nouvelles et très savoureuses (fig. 23 et 24).

Les cartons demeurèrent archaïques, avec une tendance à une moindre accentuation, sensible surtout dans le mode de traduction. Pour les grands personnages, on eut recours aux banderoles, aux galons, aux revers, aux appliques sur les vêtements, pour suppléer à la maigreur des silhouettes.

Les donateurs, ou scènes corporatives, furent toujours en faveur et en outre on n'hésita pas à constituer l'essentiel de très grandes verrières par des souverains en pied, chez lesquels les attributs de sainteté étaient remplacés par tout l'attirail des costumes royaux.

Une véritable innovation fut l'apparition de toute une pléiade de petits personnages, angelots, figures symboliques, porteurs de phylactères et d'armoiries, etc..., qui furent glissés plus ou

Photo Heinrich.

Fig 23. — Nieder-Haslasch.

moins heureusement, d'abord dans les ajours, puis dans les architectures et bientôt, dans toutes les parties des vitraux paraissant un peu vides (fig. 26-27).

Décor architectonique. — Les ornements d'architecture furent développés à l'excès

Fig. 25. — Mulhouse.

car ils foisonnèrent au maximum et souvent dépassèrent de beaucoup en importance la surface du personnage qu'ils écrasaient plutôt que de l'accompagner, le défaut s'accentuait encore lorsque deux personnages étaient superposés. A l'encontre de la tradition précédente, qui traitait ces ornementations très conventionnellement et comme simples prétextes à polychromie, ils furent composés de manière, sinon rationnelle, du moins assez vraisemblable.

Les **damas** commencèrent à paraître, d'abord très rudimentaires et peu variés, apposés sur des pièces de forme simple, rectangles ou losanges puis s'acheminèrent vers plus de variété et d'élégance.

Photo Heinrich.

Fig. 24. — Nieder-Haslasch.

Fig. 26 — Rouen. St-Ouen.

Les grisailles. — Devenues les éléments essentiels d'un très grand nombre d'ouvrages, prirent un caractère tout nouveau. Comme au XIIIe, elles furent appliquées au trait vitrifiable sur des vitreries incolores coupées en forme de résilles, ou selon des réseaux assez compliqués, épousant l'allure générale des motifs et accompagnées de quadrillés plus ou moins fins. Mais, les dessins furent dès lors, non pas conventionnels. mais. empruntés, de très près, à la nature et à peine interprétés. La vigne, le lierre, le figuier, le chêne, etc... (fig. 20), fournirent généralement les motifs de ces décorations. Souvent on y introduisit, surtout en Normandie, pour les diversifier et les rapprocher un peu de la valeur des parties colorées, des têtes, bustes, symboles disposés en motifs ronds ou losangés dans lesquels se multiplièrent de charmantes trouvailles.

Jaune d'argent. — L'emploi du jaune d'argent (chlorure ou sulfure) pour décorer par cémentation, les verres incolores fut connu dans la deuxième moitié du XIVe siècle. Ce fut là une des plus précieuses conquêtes de la technique du vitrail et son usage n'a cessé depuis de

Fig. 27. — Rouen. St-Ouen.

se démontrer excellent et de s'amplifier. Dès le début les praticiens surent en tirer d'excellents services et il fut employé, aussi bien pour diversifier les cheveux ou orner les galons des personnages, que dans les architectures ou les grisailles pour vivifier et accentuer les détails, par des touches légères. Sa présence sur une pièce quelconque est un critérium certain qu'elle ne peut être antérieure à la moitié du XIVe siècle.

Les **bordures** furent habituellement réduites comme importance et très simplifiées et les tracés pittoresques et élégants du passé, si favorables à la belle polychromie, devinrent très rares. Bien souvent on les vit réduites à une pièce carrée ou barlongue alternant avec des fonds rectangulaires. Dans le traitement de cette pièce principale, il se trouva naturellement de très grands écarts de valeur. Certaines sont banales et exécutées sans soins ; d'autres délicieuses comme composition et exécution.

Les **inscriptions** jouèrent, en toutes circonstances, un

Fig. 28. — Rouen, St-Ouen.

rôle fréquent et important mais plutôt à titre décoratif et pour meubler des vides que pour aider à l'intelligibilité des compositions. Elles parurent sous les pieds des personnages, dans leurs auréoles, tenues à la main, serpentant librement.

etc... Parfois elles constituèrent des panneaux tout entiers écrits, dans ce cas, en caractères clairs sur fonds opaques; les bandes ornées étant, soit rectilignes, soit enroulées en spirale. Ces inscriptions furent exprimées en caractères, tantôt romains, tantôt gothiques, en noir ou en clair, en latin ou en diverses langues vivantes.

Caractères généraux. — L'œuvre des artistes du xive siècle apparaît dans son ensemble un peu hybride. Elle est certainement inférieure à celle de leurs devanciers dont ils n'ont su imiter ni la vigueur, ni l'harmonieuse homogénéité et dont ils ont, en somme, conservé les formules principales en les édulcorant de façon pas toujours heureuse.

Pour les juger équitablement il faut tenir compte de toutes les sujétions qui ont pesé sur leur effort.

Contraints, par la médiocrité des ressources, à donner, dans tous leurs ouvrages, une part prépondérante aux formules économiques, ils ont fait jouer aux grisailles et aux architectures un rôle des plus importants faisant preuve, en ces matières, d'une originalité relative.

Pour les grisailles, leur tendance à délaisser les tracés toujours conventionnels du xiiie siècle et à s'inspirer de la nature (spécialement de la flore) les a conduits à des arrangements intéressants et à de véritables trouvailles.

Pour les architectures, les inspirations ont été moins heureuses et l'idée de substituer à des tracés libres, simples prétextes à coloration variée, des copies d'édicules à peu près rationnels a donné de pauvres résultats encore exaltés par les répétitions exagérées.

Les monuments français ci-dessous possèdent encore des vitraux du xive intéressants :

Albi (Cathédrale), Angers (Cathédrale), Avioth, Beauvais (Cathédrale), Carcassonne (St-Nazaire), Chartres (Chapelle St-Piat à la Cathédrale. Église St-Pierre très riche), Clermont-Ferrand (Cathédrale), Colmar, Dol, St-Dié (Cathédrale), Embrun, Évreux (Cathédrale), Limoges (Cathédrale), Lyon (Cathédrale), Mulhouse (St-Étienne très riche), Mussy-sur-Seine, Narbonne, Nieder-Haslasch très riche, St-Pierre-sur-Dives, St-Quentin, Rouen (Cathédrale St-Ouen très riche), Séez (Cathédrale), Semur-en-Auxois. Strasbourg (Cathédrale, St-Guillaume, St-Thomas), Vieux-Thann, Tonnerre (Hôpital), Toul, Toulouse (Cathédrale), Troyes (Cathédrale St-Urbain), Villeneuve-sur-Lot, Westhoffen.

Chapitre IV

LE XVᵉ SIÈCLE

Le xvᵉ siècle marque, dans l'histoire du vitrail, une étape très significative. La technique propre fut influencée par des progrès matériels notables, en même temps que les Arts dont il s'inspirait et les mœurs gé-
nérales révélaient une évolu-
tion sensible.

La substitution du tire-
plombs mécanique, au rabot fit naître des plombs souples et légers et, par rapide conséquence, des verres plus min-
ces, coupés volontiers à grands éléments.

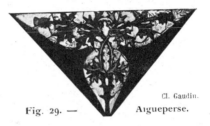

Cl. Gaudin.

Fig. 29. —   Aigueperse.

Les artistes devinrent beaucoup moins soumis à la tutelle des clercs et des maîtres d'œuvre, jusque-là très étroite. Ils imposèrent leur personnalité et purent, dans certains cas, prendre part à la préparation des programmes. En tous cas, on toléra qu'ils les interprétassent avec une assez grande liberté qui n'excluait pas certaines hardiesses. Dans bien des cas, on peut discerner dans un vitrail la part qui revient aux divers collaborateurs, rédacteur du programme, dessinateur des cartons, coupeur, traducteur du trait, etc., et constater qu'entre eux la subordination et l'accord n'étaient pas toujours complets.

Les vitraux commencèrent à porter les signatures de leurs auteurs, ou leurs monogrammes, des dates, des mentions diverses. Ils échappèrent, dès lors, à l'anonymat qui avait été la règle des siècles précédents et qui n'était pas sans avantages, en gardant aux ouvrages leur caractère d'œuvre collec-
tive et n'éveillant pas les vanités et rivalités.

L'usage du placage pour la fabrication des verres colorés développa les facilités de production, mais les orienta vers une moindre puissance de couleur. En même temps, l'invention de l'imprimerie accentua cette tendance à la décoloration, pour faciliter la lecture dans les églises. La découverte de la gravure répandit partout des modèles dont, fréquemment, on s'inspira au lieu de recourir à des données originales. Enfin, la tutelle du clergé et des maîtres d'œuvre, jusque-là s énergique, se relâcha et devint si bénigne que, désormais, les artistes se montrèrent plus préoccupés de faire preuve d'indépendance et de personnalité que de concourir anonymement à l'unité de décor des monuments.

Cl. Serv. phot. B.-A.

Fig. 3o. — Saint-Lô.

Ces transformations ne se firent que progressivement et dans certains monuments, vitrés dans un temps assez court, on trouve des ouvrages encore très apparentés aux traditions du moyen âge, à côté d'autres nettement évolués vers les goûts nouveaux. Questions d'origine d'ateliers, ou plutôt de différence de dépense entre telle ou telle formule, car pendant des siècles il y eut un écart de

prix énorme entre les verres, selon qu'ils étaient incolores ou
de puissante coloration. Dépense à part, la très grande diffi-
culté d'approvisionnement pour les qualités vraiment belles
a, de tout temps, joué un rôle important dans les possibilités
des verriers et fortement pesé sur le choix des formules.

Partis de composition. — Les ordonnances d'ensemble tra-
duisirent, avec une certaine variété, les exigences des principaux types adoptés. Les verrières franchement historiées,
formule de beaucoup la plus fréquente, combinèrent rarement, comme au siècle précédent, les éléments narratifs avec
des grisailles ou des rinceaux et marqueteries de coloration
moyenne. Les grands personnages furent présentés, le plus
habituellement, accompagnés par de volumineux ornements
d'architecture; qu'ils fussent isolés, juxtaposés ou superposés
dans une même travée (fig. 30 et 31). Les scènes ou groupes
s'étalèrent par étages horizontaux soit isolément, travée par
travée, soit enjambant les meneaux, par registres réunissant
deux, trois ou quatre lancettes et s'amortissant aux jambages
extrêmes par de vagues frises moulurées (fig. 34). Ces rangées
historiées furent séparées par des motifs architectoniques
d'importance variable et de coloration faible, mais généralement de composition variée et élégante.

D'autres fois, le personnage principal, très grand, occupa le
milieu de la travée centrale et, tout autour de lui, s'étagèrent
une série de médaillons légendaires racontant sa vie, traduits
par des personnages à échelles variées, enfermés dans des
polylobes aux contours moulurés. Enfin, dans certaines
baies triples, on imagina de superposer dans la travée centrale une série de grands disques dans chacun desquels une
scène centrale exposait un fait essentiel de la vie du Saint;
elle était entourée d'une forte frise annulaire du diamètre total
de la baie, dans laquelle, un pullulement de personnages
minuscules circulait (assez péniblement à cause des inter-
ruptions dues aux meneaux), dans le but de paraphraser la
scène principale. La faible échelle des personnages, leurs
attitudes, au moins bizarres, nuisaient sensiblement à l'intelligibilité de ces compositions.

Les rosaces avec leurs compartiments de formes beaucoup

plus variées qu'avant, et parfois très tourmentées, furent en général meublées par des compo-sitions de coloris bien moins franc qu'au XIVe siècle. Elles reçurent par-fois, des personnages isolés, quand la forme des polylobes s'y prêtait et il était peu plaisant de voir leurs silhouettes dans des attitudes peu compatibles avec les lois de la pe-santeur. Avec des formes moins ty-ranniques, de petites scènes, des angelots, des jeux de banderoles ou feuillages fournirent des arrange-ments bien plus agréables (fig. 29).

Cl. Bonnel.
Fig. 31. — Saint-Nicolas-du-Port.

Les arbres généalogiques conser-vèrent la faveur, mais furent géné-ralement aménagés de manière plus simple, avec un moindre nombre de protagonistes et l'introduction d'éléments d'architecture parmi les personnages ; la place attribuée à la personne de la Sainte Vierge fut rendue plus dominante par divers artifices.

Les donateurs apparurent, tou-jours agenouillés, mais ce furent bien plus souvent de riches sei-gneurs que des corporations. Ils se montrèrent, naturellement, flan-qués de leurs armoiries et celles-ci par le détail de leurs accessoires, supports, colliers, lambrequins, banderoles, etc..., prirent un déve-loppement considérable et furent la grande ressource pour meubler toutes les parties un peu vides.

Les décors architectoniques ont joué alors, dans toutes les formules de vitraux, un rôle prépondérant et constitué une

expression très caractéristique de l'époque. Ils ont présenté
peu de variété et d'intérêt, quand ils ont accompagné les personnages en pied, continuant alors, en forme plutôt affadie,
les édicules de style pyramidal chers au siècle précédent.
Alors qu'au xivᵉ siècle, la couleur intervenait encore pour les
alléger et diversifier les silhouettes, au xvᵉ siècle on renonça
aux complications de mise
de plomb que réclamait
cette polychromie et on se
borna à copier servilement
des pinacles réels sur du
verre incolore, simplement
relevé par des touches de
jaune d'argent. Les ensembles se révélèrent fâcheusement appauvris et déséqui-
librés par les halos qu'y
introduisaient ces vastes
zones décolorées (fig. 3o et
31). L'addition de statues
ou de cartouches ne les
améliora guère et le mé-
lange de personnages, par
eux-mêmes rigides et inex-
pressifs, avec cette orgie de
monuments, à la fois, bril-
lants et blafards fut des
moins attrayants.

Cl. Stuber.

Fig. 32 — Thann.

Coloration. — Il en alla tout autrement pour les arrangements de dimension moyenne et de polychromie relative,
employés pour séparer les scènes légendaires. Loin d'être
répétés en série, ils furent ingénieusement variés, rien n'étant
négligé pour les rapprocher, comme valeur colorée, des parties narratives qu'ils accompagnaient, dût cet effort compliquer
un peu la mise en plomb. En outre, ils étaient égayés et diver-
sifiés par toute une pléiade de hors-d'œuvre : anges, bustes
d'apôtres ou de prophètes, séraphins, rideaux, damas, semés
un peu partout, avec une charmante fantaisie (fig. 32).

Décor sylvestre. — Une véritable nouveauté vint améliorer la composition de ces accessoires; ce qu'on a appelé les « bois allemands » et qu'on devrait dénommer le décor sylvestre car, si les Germains en ont usé largement, c'est à nous qu'ils l'ont emprunté, en le déformant fâcheusement par leur outrance. Le décor sylvestre naquit de l'inspiration fournie à divers arts

appliqués par les sculptures monumentales, ayant pour motif principal l'arbre et toutes ses contingences. Cela commença par de simples baliveaux assemblés en clayonnages. Puis les branches se couvrirent de feuilles et de fleurs qu'insectes ou oiseaux venaient butiner. C'était déjà matière à de plaisantes combinaisons, mais bientôt les branches s'élançant et entremêlant leurs frondaisons à des éléments constructifs, colonnes, pyramides, fûts, etc..., traités comme des matières plastiques, composèrent des pilastres, des chapiteaux, des gâbles, des dais, etc....d'une charmante

Cl Stuber.

Fig. 33. — Thann.

variété, dont la brillante fantaisie n'excluait pas toute vraisemblance. Cette trouvaille se prêtait à des techniques diverses et sculpteurs sur bois, ferronniers, orfèvres, ébénistes, peintres, encadreurs, graveurs en firent amplement profit. Dans le décor du vitrail et particulièrement vers la fin du XVe siècle, on en trouve de multiples et savoureuses applications (fig. 34 et 35).

Dans ses divers éléments, le vitrail fut moins assujetti aux conventions qui le régissaient auparavant. Le dessin des personnages conserva son hiératisme, tout en s'acheminant vers plus de réalisme et s'inspirant de la nature, tant pour les visages que pour les draperies.

Les compositions demeurent réduites aux protagonistes et les détails vestimentaires sont exprimés avec recherche; les draperies aux grands et nobles plis cassés sont tout à fait caractéristiques. Le traitement des visages et des mains ne garde pas l'énergie quasi-rituelle du passé et fait apparaître que les cartons dérivent du modèle vivant interprété par des artistes bien avertis de la technique. Les divers personnages reflètent parfois une inégalité de traitement due peut-être, à ce que l'inspiration demandée à une gravure de maître n'a été secondée que par un artiste médiocre. Du reste, bien des œuvres font apparaître des influences flamandes ou italiennes. On continue à présenter les protagonistes, comme dans le bas-relief, sensiblement au même plan; mais pour les monuments, paysages, meubles, etc...,

Fig. 34. — Strasbourg, Sainte-Madeleine.

la perspective commence à jouer son rôle, ce qui n'est pas un progrès.

Les accessoires, meubles, édifices, engins, harnachement,

Fig. 35. — Obernai.

etc..., sont invariablement copiés par les artistes sur ce qu'ils ont sous les yeux et ce parti pris d'anachronisme donne, à cause de la minutie des reproductions, de précieux documents sur l'époque (fig. 33).

Damas. — L'abondance ou plutôt la prodigalité des damas fut considérable. Ils cessèrent, très vite, de présenter les formes simples et les tracés à répétition du XIVe pour se muer en un décor d'une extrême variété de dessin et d'opacité, qui fut utilisé en toutes circonstances.

Ils convinrent particulièrement à l'enrichissement des rideaux placés derrière les personnages isolés et les surfaces monochromes qu'ils vivifièrent et transformèrent par un procédé souple et économique, car, rien n'était plus facile que de graduer l'importance de l'écran opaque, ainsi apposé sur le verre et d'exalter ou d'assourdir certains points des verrières. Ils ne furent pas toujours monochromes mais, à l'occasion, nuancés par le jaune d'argent ou piquetés de petits éléments de couleur vive. Loin d'être réservés aux rideaux, ils intervinrent, parfois avec excès, dans toutes les parties du décor, vêtements, pavement, tapis, tentures et cette multiplicité d'emploi fut maintes fois source de confusion (fig. 32).

Les verres de couleur plaqués furent très employés et on utilisa, à l'occasion, la possibilité de les graver au rouet. Cette technique, pourtant ne fut pas généralisée et,

Photo Régule.

Fig. 36. — Le Bourget.

habituellement, réservée aux décors héraldiques ; plus tard seulement, elle fut étendue à d'autres décors, auréoles, galons, etc...

Les **bordures** demeurèrent peu importantes, peu colorées, peu pittoresques de tracé, il en apparut cependant un type nouveau et intéressant : rectangles portant sur un phylactère élégamment amorti, quelques mots formant une prière ou le cri d'une famille noble (fig. 36), quelquefois aussi, accompagnant des dons de corporation, elles figurent des instruments en attributs de métiers assez variés.

Les **inscriptions** latines et désormais, souvent françaises, furent plus abondantes qu'intéressantes parce que fréquemment créées plus pour justifier la présence d'une banderole utilitaire que pour convenance épigraphique. Les caractères gothiques, en noir sur fond clair, furent le plus souvent employés.

Nuages. — L'emploi de nuages très conventionnels, groupés en lignes, en couronne, ou en amande, pour supporter ou mettre en vedette certains sujets est très spécial à cette époque qui en fit un emploi fréquent et très heureux. Les nuages, tantôt incolores, tantôt d'un bleu léger, étaient de formes assez variables, mais toujours détaillés par un travail de trait et de demi-teinte fort imprégné de la facture du XIVᵉ siècle qui en faisait le caractère.

Voici la liste d'un certain nombre de monuments possédant des vitraux du XVᵉ siècle ; elle n'est pas absolument complète :

Abbeville (St-Wulfran), Aigueperse (Ste-Chapelle), Alençon (Notre Dame), Ambierle, Ambronay, Argentan, Beaujeu, Beaune (Hospice), Bernay (La Couture), Bourges (Cathédrale), Carentan, Carcassonne (Cathédrale St-Nazaire), Châlons-sur-Marne (Cathédrale), Chamelet, Chartres (Cathédrale, Chapelle Vendôme), Ceyzériat, Coutances (Cathédrale), Embrun, Évreux (Cathédrale St-Taurin), Eymoutiers, Lantic, St-Léry, Lisieux (St-Jacques), St-Lô (Notre-Dame), Le Mans (Cathédrale), St-Martin d'Estréaux, Metz (Cathédrale), Moulins (Cathédrale), St-Nicolas-du-Port, Obernai, St-Ouen (Notre-Dame), Paris (Ste-Chapelle, St-Séverin), St-Quentin (Collégiale), Quimper (Cathédrale), Quimper-Guézennec, Rochefort (Rhône), Riom (Ste-Chapelle), St-Romain-au-Mont-d'Or, Rouen (Cathédrale, St-Ouen), Saverne, Séez (Cathédrale), Selestat, Solignac, Strasbourg (Cathédrale, Ste-Madeleine), Thann, Toulouse (Cathédrale), Verneuil, Vieux-Thann, Villefranche-sur-Saône, Villeneuve-sur-Lot, Walbourg, Wissembourg.

Chapitre V

LE XVIᵉ SIÈCLE

Nous avons vu le xvᵉ siècle marquer, par les progrès de la technique, l'extension nouvelle des formules, l'émancipation des artistes, etc..., une évolution considérable. Avec le xvɪᵉ siècle, c'est une véritable révolution qui éclate, car toutes les traditions, toutes les disciplines qui pendant le moyen âge avaient assujetti le vitrail s'effacent laissant se manifester une soif frénétique de nouveau qui fait table rase de toute tutelle et s'affranchit, parfois avec plus de violence que de succès, des règles essentielles du décor monumental, jusque-là considérées comme intangibles. La Renaissance, avec l'épanouissement complet de toutes les possibilités matérielles et esthétiques, ouvre aux artistes, une ère de hardiesse et d'indépendance si grande que presque tous les rites du vitrail, jusqu'alors dominants, se trouvent réformés.

Fig. 37. — Chantilly.

Dans le domaine technique, apparaissent des ressources toutes nouvelles, coupe du verre par le diamant au lieu du fer chaud, emploi d'une couleur d'application solide, pour relever les carnations, usage des émaux vitrifiables pour modifier les verres incolores, placage, sur les verres colorés, d'une mince couche prenant le jaune, extension de la gravure au rouet à tous les verres colorés plaqués, grand développement de la fabrication des verres de couleur, diversification des traits vitrifiables par la variété des grisailles.

Les ressources pécuniaires sont désormais beaucoup plus larges et les vitraux franchement historiés, c'est-à-dire ceux dans lesquels les parties significatives, figures isolées ou grou-

pées, jouent le rôle principal, occupent habituellement la
surface majeure, tandis que pendant des siècles, les ornementations accessoires, entraient dans un ouvrage, pour une
proportion importante (fig. 43 et 53).

Les maîtres d'œuvre et le clergé cessant d'avoir la haute
main sur la préparation et la réalisation des programmes,
l'individualisme écarte toute tutelle et la préoccupation de
faire jouer aux vitraux
un rôle surtout monu-
mental disparaît. Les
traditions de puissance
et de simplicité qui, pendant des siècles, avaient
maintenu énergique et
hiératique le décor
translucide des églises
s'abolissent et, trop souvent, les vitraux devien-
nent, non plus des pages
de puissante et vibrante
décoration, mais des
tableaux transparents,
dans lesquels la correc-
tion du dessin, la déli-
catesse du coloris, la
joliesse des attitudes, la
virtuosité de l'exécution
remplacent la sobre

Fig. 38. — Rouen. Cath.

énergie du passé. L'archaïsme et la convention disparaissent
et les cartons sont dessinés dans les règles académiques et
le respect de la perspective. Souvent ils sont plutôt des
agrandissements de gravures de maîtres que des compositions
originales.

Eclectisme. — La variété et l'éclectisme des formules s'ac-
croissent prodigieusement, bouleversant les arrangements
traditionnels demeurés jusqu'alors peu nombreux. La facilité
des voyages effaçant les frontières, entre les artistes ou les
praticiens Français, Flamands, Italiens, Allemands, les con-

tacts et les échanges deviennent fréquents produisant une
interpénétration des idées, des goûts et des procédés qui influe
grandement sur les programmes.

Les thèmes habituels furent bouleversés et, tout en gardant,
souvent, un soupçon d'enseignement reli-
gieux firent intervenir dans les compositions, la mythologie, le paganisme, les épo-
pées, les chants des grands poètes et jusqu'aux suggestions de la politique.

On rencontre, dès lors, selon les tendances des intéressés, des partis extrêmement divers. Tandis que les milieux intellectuels se plaisent à interpréter des thèmes
un peu précieux, les Béatitudes, les Sibylles,
les Triomphes d'Apocalypse, etc..., on met
volontiers en scène Saint Vincent ou Noé
dans les pays vignobles, notre mère Ève
dans les contrées à fruits, Saint Gilles ou
Saint Hubert dans les régions de chasse,
Saint Nicolas dans les ports, Sainte Barbe
dans les mines, Saint Crépin là où le cuir
fait la richesse, etc...

Fig. 39. — Bayonne.

Le goût pour les scènes de martyres de-
meure très vif, mais on se plaît particulièrement à représenter, dans leurs détails les
moins chastes, des supplices féminins. Cet
étalage de nudités, au moins discutable,
soulève dès son apparition de telles tem-
pêtes que, fréquemment, nous le savons
par les registres paroissiaux, ces images
trop hardies furent brisées, déposées ou
maquillées; pourtant il en reste d'assez nombreux exemples.

Les dissentiments ou luttes entre catholiques, protestants
ou israélites inspirent des compositions de nature tantôt
objective et en quelque sorte anecdotique (Sacrilège de la
rue des Billettes) tantôt, quand la politique s'y mêle, voilées
de symbolisme (Apologie de la Ligue). Vers la fin du siècle, la

violence des luttes religieuses se traduit par des conséquences bien plus graves, destruction d'œuvres créées par des artistes protestants, emprisonnement, exil ou exécution de certains d'entre eux, parmi lesquels Bernard Palissy.

Le vitrail commence à décorer les intérieurs privés. Palais, châteaux, sièges de confréries ou de corporations en sont fréquemment ornés. Ce sont en général, des ouvrages de dimensions modestes et d'allures un peu bourgeoises, plutôt que des décors pouvant être qualifiés de « civils », car en dehors des églises il n'existe guère encore d'édifices propres à recevoir des foules. On y retrace volontiers des buco-

Fig. 40. — Troyes, Cath.

liques, des chasses, des batailles, des épisodes de chevalerie, des fables, des songes, etc... Il ne reste guère de ces ouvrages que quelques spécimens recueillis dans des musées ou des collections privées (fig. 37).

Aménagements nouveaux. — Cette riche floraison, dans

Fig. 41.
Montmorency.

laquelle figures isolées, scènes à acteurs multiples, allégories, anges, symboles, armoiries,
donateurs, inscriptions ont été juxtaposés, mélangés, dissociés, chevauchés de façon très
différente selon les programmes, la distribu-
tion des vides dans les baies, le tempérament
des artistes, la distance du sol ne se prête
guère à un classement bien méthodique, elle
peut cependant être étudiée sous l'aspect d'un
certain nombre d'ensembles-types dont voici
les principaux :

L'aménagement des personnages isolés dans
les fenêtres sans meneaux prêtait peu à la variété. La figure occupant le centre de la baie,
s'amortissait, soit par une simple bordure de
faible complication, soit par des ornements d'architecture, haut et bas,
avec pilastres ou colon-
nettes (fig. 39), soit par des arrangements de décor sylvestre.

Ces tracés architectoniques étaient,
tantôt copiés sur des organes de monuments réels, culs-de-lampe, dais, pinacles, frontons, frises, et, dans ce cas,
assez monochromes, tantôt, inspirés par
des ouvrages d'ébénisterie ou de tablet-
terie, comportant bustes, chimères,
mascarons et autres fantaisies de goût
italien et dans ce cas assez polychromes
(fig. 38).

Quand les personnages en pied meu-
blaient des fenêtres à compartiments
très multiples, ou bien ils occupaient
par une frise régulière accompagnée
d'ornements d'architecture peu variés
toute la largeur, ou bien, formaient
vers le centre, un groupe dont l'ensemble s'encadrait, sur quatre côtés,

Fig 42. — Villy-le-Maréchal.

en un édicule d'une élégante fantaisie; les travées extrêmes
de la baie étaient meublées par de simples losanges. Tout
dans cet arrangement, formes et couleurs, était heureusement combiné pour réaliser un bon équi-
libre de couleur entre les parties narratives,
les ornements servant de transition, et les
surfaces incolores (fig. 40).

Dans des baies de même ordonnance, on
donnait à l'ensemble, par un tracé d'architecture très rationnelle, l'aspect d'un appar-
tement unique dont une série de logettes
semblables accolées, abritaient chacune un
personnage debout (fig. 41).

Un autre arrangement était obtenu par la
présentation, au centre de la baie, de la
figure de la Sainte Vierge accompagnée
par des emblèmes, des litanies avec invo-
cations (fig. 42).

Variétés des ordonnances. — Pour les
scènes à personnages multiples, la diversité d'arrangement fut plus grande. Dans
les baies sans meneaux, les combinaisons
simples, qui viennent d'être examinées, s'ap-
pliquèrent sensiblement, avec addition
fréquente de donateurs, d'armoiries, de
symboles, d'inscriptions, de tableaux de
métiers, etc...

Avec les ouvertures à membrures développées et complexes la solution la plus
simple consista à loger la scène, telle quelle,
dans la baie, comme si l'ossature en pierre

Fig 43. — Bourges.

n'existait pas et à condition de composer les
cartons de telle sorte que les protagonistes ne fussent pas
coupés trop désagréablement, cela donna des résultats convenables, si on admet que le vitrail soit traité comme un
tableau transparent (fig. 49), encore est-ce question d'espèce et
cet arrangement n'est-il compatible qu'avec certains thèmes
permettant d'accorder les données de la scène avec le nombre

des travées et la proportion de la baie, et lorsqu'on peut faire

Fig. 44. — Troyes, Cath.

intervenir des personnages irréels dessinés à diverses échelles.

Certaines scènes, la Crucifixion, la Résurrection, l'Ascension, la Pentecôte, l'Apocalypse, le Jugement dernier permettant d'étager les personnages et d'introduire dans la composition de nombreux anges, répondirent particulièrement à ces exigences. En général la scène principale se limitait au rectangle de la baie et le groupe de compartiments polylobés formant la partie supérieure était meublé par des personnages isolés ou groupés, dessinés à une échelle très inférieure à celle des protagonistes, tandis que pour une bonne visibilité il eût convenu d'en augmenter la taille.

Cet illogisme de composition rendait les ajours peu intelligibles, d'autant que parfois les artistes fignolaient ces petits tableaux en miniaturistes au lieu de les simplifier en décorateurs : il arriva donc souvent que, pour pallier ce défaut, ces compléments devinrent banals et quelconques, au lieu de servir à préciser et paraphraser le scène principale.

Les **arbres généalogiques** s'accordèrent assez bien avec la configuration des grandes fenêtres et on les trouve, avec des dispositions assez diverses ; ancêtres perchés sur des branches dans des attitudes très étudiées, protagonistes debout, y comprit Jessé, rois et prophètes espacés pittoresquement et comme semés dans l'air,

Fig. 45. — Autun, Cath.

arbre terminé par une vierge colossale, mais privé de sa racine, etc... (fig. 45). Parfois pour réduire l'importance de l'arbre, une ou deux travées à la base furent meublées par des personnages isolés ou des accessoires. Le pressoir mystique, souvent représenté alors, donna, combiné avec l'arbre, d'heureux résultats.

Avec des programmes plus étendus, l'aménagement prit d'autres formes.

Le réseau des ajours une fois meublé par des personnages ou attributs de données et d'échelles particulières, les scènes narratives furent réparties en une série de registres horizon-

Fig. 46. — Châlons-sur-Marne, N.-D.

taux superposés. Dans chacune de ces tranches, le régime

adopté fut variable. Tantôt les scènes, franchissant les meneaux garnirent toute la largeur de la baie d'une composition unique, tantôt, distribuées inégalement, elles n'occupèrent chacune qu'un nombre restreint de travées. Avec ce parti, on jugea parfois utile de mettre l'une des scènes en dominante sur les autres. Pour ce faire, la composition choisie étant soulignée et magnifiée par une couronne ou amande de nuages mélangés d'angelots, d'étoiles, de chérubins, etc..., apparaissait en vedette (fig. 44 et 46).

Il y eut grande diversité dans le mode de séparation des scènes, obtenu, aussi bien par d'étroites moulures, avec ou sans inscription, que par des frises d'ornement, tantôt simples et presque incolores, tantôt très développées, très historiées et d'une tenue de couleur assez franche.

Pour satisfaire au besoin de lumière, on mélangea aussi, dans une même baie, des rangées de scènes légendaires, des files de personnages allégoriques, de vastes inscriptions et une abondance de losanges incolores (fig. 47 et 48). Ou, encore à des compositions grandes ou petites, nettement religieuses,

Fig. 47. — Pont-Audemer.

ou mystiques, on juxtaposa des scènes allégoriques ou anecdotiques d'un tout autre ordre : ces hors-d'œuvre se présentè-

4

rent soit en haut du vitrail, soit à sa base, faisant bordure, sous la forme de frises étroites, soit incolores, soit polychromes. C'étaient souvent des processions de confréries dans lesquelles clergé, chantres, corporations, fidèles défilaient dans leurs plus beaux costumes reproduits minutieusement.

Fig. 48. — Pont-Audemer.

C'étaient aussi des cortèges de Triomphes mystiques, avec chars somptueux et brillantes allégories (fig. 51).

Les **rosaces** ne manifestent ni particularités saillantes ni innovations. Elles furent habituellement d'une tenue de couleur plutôt faible ; les personnages isolés, angelots, bustes, etc..., qui y furent généralement employés fournirent un aspect médiocre et plutôt inférieur à la tenue moyenne des ouvrages produits à cette époque.

Décor héraldique. — Les dons étant dus, bien plus à la vanité qu'à la piété, les artifices les plus ostentatoires furent recherchés pour manifester les qualités de leurs auteurs et bien des vitraux s'accompagnèrent de multiples patrons flanqués de véritables familles de donateurs de tout âge pieusement agenouillés (fig. 50). Les accessoires héraldiques, blasons, heaumes, supports, manteaux, colliers, crosses, mitres, lambrequins, banderoles, etc..., furent souvent employés pour renforcer encore et faire foisonner les surfaces réservées à ces exhibitions vaniteuses. Ces groupements héraldiques, non seulement tapissèrent parfois la surface entière des ajours, mais encore formèrent la substance totale de certains vitraux (fig. 52). Il en fut de même pour les attributs de métiers dont les arrangements

Fig. 49. — Saint-Gervais, Paris.

ingénieux et variés fournirent des ensembles intéressants et décoratifs.

L'**anonymat** des verriers et de leurs collaborateurs disparut et les œuvres furent fréquemment signées et datées, souvent même, les noms des auteurs de cartons furent accompagnés de ceux des traducteurs sur le verre.

D'autre part, les marchés, registres paroissiaux, procès, fournirent de nombreux renseignements sur les tractations relatives aux commandes, réceptions, travaux de conservation et de réparation des vitraux. Les litiges furent très fréquents, car la surabondance des travaux pendant tout le siècle entraîna un pullulement exagéré de praticiens, d'où concurrence excessive, avilissement du prix et surtout abaissement de la qualité des ouvrages. Bernard Palissy, bon juge en la matière, se lamentait de cette crise et écrivait en 1580 :

« Il vaut mieux qu'un homme ou un petit nombre d'hommes « fassent leur profit de quelque art en vivant honnêtement,

Cl. Serv. phot. B.-A.

Fig. 50. — Montmorency.

« que non pas un grand nombre d'hommes, lesquels s'endom-
« mageront si fort, les uns les autres, qu'ils n'auront pas
« moyen de vivre, sinon en profanant les Arts et laissant les
« choses à demi-faites, comme l'on voit communément de tous
« les Arts auxquels le nombre d'ouvriers est trop grand. L'état
« de verrier est noble, mais plusieurs sont gentilshommes
« pour exercer ledit art, qui voudraient être roturiers et avoir
« de quoi payer les subsides des princes et vivent plus méca-
« niquement que les crocheteurs de *Paris*. »

Rhabillage. — Ces inconvénients se révélèrent particulièrementsensibles dans une spécialité qui naquit alors. Beaucoup

Fig. 51. — Brou.

de vitraux du xve siècle sertis de plombs trop faibles, arri-

vèrent alors à la décrépitude et sous peine de les
voir périr, il fallut les re-
mettre dans des plombs
neufs, les rhabiller comme
on disait alors. Ce rhabillage qui aurait réclamé une
exécution délicate et une
direction compétente fut, le
plus souvent, confié, non à
des ateliers sérieux mais à
des équipes de médiocres
ouvriers forains, allant de
paroisse en paroisse louer
leurs services et travaillant
dans les églises mêmes,
avec un matériel rudimen-
taire. Ces travaux, qui auraient exigé un soin minutieux furent conduits habituellement avec un vanda-
lisme intégral, le système
du vitrail « martyr » dépecé
pour combler les lacunes
des autres, ayant été la
règle. Il en résulta, un peu

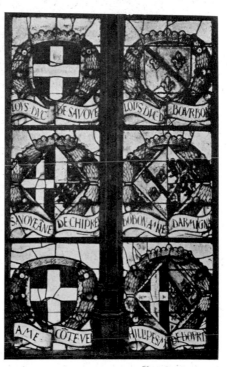

Fig. 52. — Brou.

partout, de fâcheuses interpolations, déjà difficiles à reconnaître au début et à peine discernables quand la patine du temps est venue masquer ces manipulations.

Les **grisailles** proprement dites, furent, à peu près, abandonnées et remplacées par des jeux de plombs géométriques sensiblement incolores en combinaisons très multiples et souvent intéressantes. Parfois les éléments principaux de ces

Fig. 53. — Pontoise.

réseaux furent enrichis de fleurettes, monogrammes ou emblèmes au trait ténu, légèrement relevés de jaune. Ce décor tirait de sa légèreté et de sa variété un aspect des plus plaisants. Les bordures se raréfièrent de même et ne furent guère employées que pour enrichir des ajours trop dénués de décor ou pour accompagner des surfaces importantes de losanges dont l'excessive luminosité réclamait une transition.

Ce furent des pièces rectangulaires, ornées de traits et demi-teintes, fortement rehaussées de jaune, monotones au premier aspect, et pourtant défendues par l'extrême variété des dessins et la virtuosité de l'exécution.

Fleurs, rinceaux, animaux, masques, chimères, grotesques, monogrammes, etc... s'y combinaient généralement avec une charmante fantaisie.

Les **inscriptions** jouèrent, presque toujours, un rôle important et même excessif. Bien que nécessaire à la compréhension de certains programmes, plus intellectuels que graphiques, cette inondation de textes portés par des frises, phylactères, cartouches, pancartes incolores, déséquilibrait souvent l'ensemble du coloris.

Les textes écrits en latin, en français, hébreu ou grec, en lettres opaques ou claires, gothiques ou romaines ne respectaient que médiocrement une orthographe déjà un peu élastique. Les praticiens jouissant d'une assez large indépendance, se plaisaient à introduire certaines fantaisies dans leurs traductions et à égayer leur besogne en la saupoudrant de sel gaulois à l'adresse des observateurs perspicaces. Les galons de rideaux ou de vêtements, les ceintures, les bordures de boucliers, etc... se couvraient de lettres formant des mots et ces mots des prières... ou des plaisanteries. Les meubles ou monuments s'ornaient de frises ou de petits bas-reliefs symboliques plus ou moins malicieux.

Tours de force. — Comme la main-d'œuvre était peu onéreuse, les ouvriers, peu ménagers de leur temps, étaient friands des tours de main voisinant le chef-d'œuvre. Pour la coupe et la mise en plomb, les façons compliquées, constituant le tour de force étaient fort à la mode. Pour dessiner des armoiries, figurer des langues de feu, la manne, des besants, des animaux, etc... on trouve fréquemment des pièces incrustées dans les fonds perforés à vif, travail plus qu'épineux, alors que le résultat aurait pu être obtenu par la gravure au rouet des verres plaqués.

Les cartons, étant donné la diversité de leur origine et la tendance à emprunter souvent leur composition à des gravures diverses, ne furent pas tous d'un art original et supérieur; mais leur interprétation fut faite avec autant de virtuosité que de goût (fig. 54). Non seulement les traducteurs surent exprimer avec une science parfaite les draperies les plus fermes ou les modèles les plus délicats, mais ils firent preuve d'une véritable sagesse dans l'utilisation des divers procédés d'exécution.

En matière de technique ancienne ils n'eurent garde d'abandonner le traitement très conventionnel des nuages dont le xvᵉ siècle avait fourni une formule si heureuse, d'autre part

Fig. 54. — Vic-le-Comte.

ils tirèrent un parti vraiment nouveau des marbrures des verres rouges en les exaltant par divers artifices. Aux trouvailles nouvelles, ils demandèrent le maximum. Le rouge d'application ne leur servit pas que pour les carnations, il vint aviver et faire vibrer les rouges et les jaunes. Le jaune d'argent appliqué sur les bleuâtres et verdâtres massifs amplifia singulièrement les possibilités d'agrémenter les paysages; apposé sur verres colorés plaqués de blanc sensible, il permit des rehauts variés et savoureux.

L'usage pour les traits, hachures, demi-teintes vitrifiables d'une matière, non plus uniformément brune, mais rousse, grise ou violâtre, permit de donner aux divers modelés une précieuse diversité.

Enfin surtout, les émaux vitrifiables devinrent d'un emploi courant, mais furent utilisés avec réserve et discrétion, comme un précieux appoint pour enrichir et accentuer certains détails, non comme une ressource capitale; aussi continuat-on à demander les colorations franches avec verres colorés à la verrerie, non à cette ressource auxiliaire dépourvue de puissance et de robustesse.

La liste ci-dessous indique les principaux monuments possédant encore des vitraux du XVIᵉ siècle :

Alençon (Notre-Dame), Ambronay, Les Andelys, St-André-d'Apchon, Andrésy, Angers (Cathédrale), Argentan (St-Martin), Auch (Cathédrale), Aumale, Autun (Cathédrale), Auxon, Baignon, Bannalec, Bar-sur-Aube, Bar-sur-Seine, Baux, Bayonne (Cathédrale), La Baussaine, Beaumont-le-Roger, Beauvais (St-Étienne), Bécherel, Bernay (La Couture), Bignan, Blanzy-le-Château, Blénod, Bordeaux (St-Michel), Bourg, Bourges (St Bonnet), Bourg-Achard, Bourgtheroulde, Brienne-le-Château, Brienne-la-Vieille, Brissac, Brou, Chailly, Chalon-sur-Saône (Hôpital St-Vincent), Châlons-sur-Marne (St-Alpin, Cathédrale, Notre-Dame), Chambéry (Ste-Chapelle), Champeaux, Champigny-sur-Veude, Chaource, Chartres (St-Aignan), Chasséricourt, Châtillon-sur-Seine, Chaudrey, Clamecy, Chevrières, Comfort, Conches, Cour-sur-Loire, Creney, Croth, Davenay, Dijon (Notre-Dame), Douarnenez, Ecouen, Edern, Elbeuf, Epernay, Ergué, Gabérie, Ervy-le-Châtel, Essomes, Falaise, Lefaouet, Fécamp, Férel, La Ferté-Bernard, La Ferté-Milon, Flavigny, Flètre, Fleurance, St-Firmin, Gannat, Gérausdot, Gisors, Gourin, Guengat, Guérande, La Guerche, Guerne, Guimiliau, Herblay, St-Hilaire-des-Landes, Huelgoat, Les Ifs, Iffendie, l'Isle-en-Dodon, Jargny, Le Juch, St-Julien, St-Julien-du-Saut, Kerdévot, Kerfeuntein, Kergoat, Laigle, Lanquidic, Langonnet, Lautenbach, Lhuitre, Limoges (Cathédrale), Limours, Lisieux, Lombez, Louviers, Louvigné-le-Bois, Maizières, Malestroit-la-Martyre, Maulévrier, Mauthés, Merléac, Mesnil-Aubry, Metz (Cathédrale), Montcontour, Montfey, Montfort-l'Amaury, Monthiéramey, Montmorency, Montmort, Montoire, Montreuil, Moulins (Cathédrale), Mussy-sur-Seine, St-Nicolas-du-Port, Les Nœs, Nogent-le-Roi, Notre-Dame-du-Vaudreuil, Paris (St-Étienne-du-Mont, St-Germain-l'Auxerrois, St-Gervais, St-Médard, St-Merri), St-Parres-les-Tertres, Penmarch, Pleyben, Plœrmel, Plœven, Plogonnec, St-Pol-de-Léon, Pont-Audemer, Ponts-de-Cé, Pont-de-l'Arche, Pont-l'Évêque, Pont-Ste-Marie, Pouanges, Pouans, Provins, Puteaux, St-Quentin, Notre-Dame-de-Quelven, Quimper (St-Mathieu), Reims (Cathédrale), Rennes (St-Germain), Rigny-le-Ferron, Riom (Notre-Dame du Marthuret), Roanne (St-Étienne), La Roche Maurice, Romillé, Rospartz, Roye, Rouen (Cathédrale, St-Éloi, St Godard, St-Nicolas,

St-Patrice, St-Vincent), St-Saens, Sablé, Samblancé, St-Saulge, Sens, Serqui-
gny, Sézanne, Souzai, Spézet, Stival, Suévres, Thieffrim, Thorville, Torvil-
liers, Toul, Tourch, Tours (Cathédrale, Notre-Dame-la-Riche), Triel, Troyes
(Cathédrale St-Jean, Ste-Madeleine, St-Nicolas, St-Nizier, St-Pantaléon,
St-Martin-ès-Vignes), Valmont, Vendeuvre, Vendôme, Verneuil, Vézelise,
Vienne (St-Maurice), Vic-le-Comte, Villefranche-sur-Saône, Villequier, Villy-
en-Auxois, Villy-le-Maréchal, Vincennes (Château), St-Wandrille, West-
Capelle.

CHAPITRE VI

LES XVIIᵉ ET XVIIIᵉ SIÈCLES

Il n'est pas douteux que si le xvıᵉ siècle s'était peu soucié
du caractère monumental des vitraux, et parfois de leur
valeur éducative au point de vue religieux, il n'en avait pas
moins marqué, esthétiquement et matériellement, un remarquable épanouissement. Les artistes, malgré leur appétit
forcené de progrès, leur fièvre trépidante et insatisfaite
d'invention, avaient gardé, en partie, les traditions ou procédés dont une pratique de cinq siècles avait démontré
l'excellence. S'ils s'étaient contentés de mettre à profit ce
splendide héritage en l'amplifiant par leurs propres conquêtes, leur carrière eût été superbe.

Abus de l'émail. — Mais ils se laissèrent hypnotiser par
certains rites nouveaux dont ils ne soupçonnaient pas la
malfaisance et ce fut le désastre. L'usage des émaux vitrifiables, pratiqué pendant plusieurs lustres au xvıᵉ siècle,
n'avait eu, tant que limité à des usages restreints, que des
avantages; il devint un poison mortel sitôt qu'il fut géné-
ralisé et employé en grand.

Diminution ou disparition des plombs constructifs, raré-
faction ou abandon des verres colorés à la verrerie, décoloration générale des ouvrages, abâtardissement des cartons,
faible condition matérielle, toutes ces tares découlèrent
presque immédiatement de l'extension, aux travaux essentiels, de ce procédé qui n'était admissible que comme artifice
de finition.

Ce n'était pas sans raison qu'avait persisté, au travers des siècles, cette forte discipline du plomb, si efficace pour imposer aux dessins la sobriété nécessaire, affirmer et séparer les couleurs, donner aux ouvrages la robustesse indispensable.

Ordonnances défectueuses. — A ces causes déjà graves de régression, vinrent s'ajouter d'autres motifs de déclin. Les verriers semblèrent ne plus voir leurs travaux que par le détail et se préoccupèrent, moins que jamais, de la subordination des vitraux aux besoins monumentaux et aux possibilités visuelles. Alors que les dimensions colossales, de plus en plus fréquentes pour les fenêtres, auraient réclamé de judicieuses recherches vers les ordonnances capables d'atténuer le vide des compositions, on donna aux ornements complémentaires, si essentiels pour la mise en valeur des éléments expressifs, un rôle de plus en plus restreint, comme surface et comme couleur. Les vitraux furent conçus et réalisés en vue de l'optique de l'atelier et l'on voit constamment les hautes fenêtres meublées de compositions dépourvues de toute fermeté et lisibilité, les qualités de joliesse disparaissant avec l'éloignement pour ne laisser apparaître que le vague et la confusion.

Décoloration. — L'engouement universel pour la décoloration générale

Fig. 55. — Rouen, St-Patrice.

de tous les ouvrages eut pour conséquence de tarir la fabrication des verres colorés à la verrerie, déjà ralentie, si bien, qu'en peu d'années, ils devinrent introuvables, quel que fut le prix, et que force fut de s'en tenir aux verres à l'émail.

Le résultat de cette accumulation d'erreurs fut de détourner le public de cet art charmant pour lequel, pendant des siècles de production puissante, sa dilection n'avait jamais fléchi et qui se révélait, maintenant, incapable de fournir autre chose que des œuvres blafardes et nuageuses dépourvues de toute qualité décorative et souvent de toute intelligibilité.

Fig. 56. — Troyes, Biblioth.

La décadence fut rapide et dès le début du xviie siècle bien des fours durent s'éteindre; il est vraisemblable que l'Art du Vitrail eût dès lors disparu si, en dehors des ouvrages de grande envergure, quantité de travaux modestes n'avaient requis de la main-d'œuvre et permis à un certain nombre d'ateliers médiocres de vivre, ou plutôt de végéter pendant les xviie et xviiie siècles.

Le **rhabillage** des vitraux florissait, car si on en juge d'après les registres paroissiaux, beaucoup de plombs à partir du xve duraient à peine un siècle. Les armoiries étaient très demandées et leur confection, facilitée par le travail des émaux, trouvait d'abondants débouchés, spécialement dans les demeures privées; le vitrail domestique constituait dès lors une production importante, tant par les vitreries géométriques, aux innombrables combinaisons linéaires, que par les petites scènes religieuses ou profanes dont elles étaient généralement enrichies (fig. 56).

Dans ce petit domaine, surgirent, à foison, une infinité de trouvailles charmantes et variées portant la meilleure marque du goût et de l'esprit français. Beaucoup de ces ouvrages existent encore, dans nos musées ou dans les grandes collections et mériteraient une étude spéciale. Enfin, on était tellement assoiffé de lumière incolore, que dans beaucoup d'églises, on remplaçait par des vitreries blanches souvent à dessins compliqués, des parties historiées de coloration franche ou moyenne. Ce vandalisme n'était pas épargné, même à des vitraux du XVIe siècle dont cependant la tenue de couleur était faible.

Les **bordures** jouèrent alors un rôle de premier plan car dans certaines églises elles furent, même, le décor unique de toutes les fenêtres, et elles peuvent être considérées comme une des caractéristiques les plus nettes de l'époque. Leur type fut presque invariable : rectangles incolores portant un décor de feuillages, fleurettes, monogrammes, symboles, etc... fortement relevés d'émaux puissants. Assez plaisantes de près, elles perdaient, avec l'éloignement de l'œil, presque toutes leurs qualités pour devenir ternes et brumeuses avec un halo néfaste à la vision des ouvrages plus colorés qu'elles auraient dû faire ressortir.

La même formule, avec quelque variation de dimension, accompagna les divers types de vitraux, vitreries géométriques, personnages isolés, scènes, etc... Ces bordures portent souvent des dates qui peuvent être fallacieuses, car sur des vitraux remis en plomb, ce millésime de la bordure correspond à la date de rhabillage et non à celle de la création du vitrail réparé (fig. 55). Dans ce cas, il est prudent de s'appuyer, pour l'identification, sur d'autres signes, comme, par exemple, les détails vestimentaires.

Dans les **inscriptions,** on vit disparaître les caractères gothiques mais à cela près, elles différèrent peu de celles du XVIe. Leur abondance fut grande dans la plupart des vitraux narratifs empreints souvent d'une intellectualité poussée à l'extrême. Dans un même vitrail il n'était pas rare de les trouver en français, en latin, en grec, en hébreu, si bien que la composition pour des gens de culture moyenne, devait demeurer un véritable rébus. L'usage d'inscriptions démesurément longues fut assez fréquent, abus encore accentué par la distance du sol qui les rendait illisibles (fig. 57).

Cl. Bulloz.

Fig 57. — Saint-Étienne-du-Mont, Paris.

L'emploi des nuages ne fut pas abandonné mais utilisé très maladroitement : ils avaient, sous des formules appropriées, fourni un accessoire décoratif des plus précieux, tandis qu'ils furent employés par masses importantes, de formes vagues et d'aspect cotonneux qui déséquilibrèrent les compositions au lieu de les accentuer. L'imagerie intervint plus que jamais comme inspiratrice principale des cartons et, dans nombre de contrats relatifs aux commandes, il est question de gravures remises aux verriers comme éléments de leurs ouvrages.

En dehors des œuvres réalisées, d'autres sources de documents nous renseignent sur ce temps qui, s'il a été le fossoyeur de l'Art du Vitrail, ne l'a pas laissé porter en terre sans fleurs, couronnes ou discours. Descriptions, discussions, théories, comptes, marchés, procès, jugements abondent à cette époque et sont matière à de précieuses investigations.

Les monuments ci-dessous possèdent encore des vitraux des XVIIᵉ et XVIIIᵉ siècles.

Auch (Cathédrale), Bernay (La Couture), Bourges, Caudebec, Charmes (St-Aignan), Ecouen, Guingamp (Notre-Dame de Bon-Secours), Malestroit, Le Mesnil-Aubry, Neuville-sur-Saône, St-Nicolas-de-la-Taille, Notre-Dame de Burgo, Orléans (Ste-Croix), Paris (St-Étienne-du-Mont, St-Eustache, St-Merri, N.-D. des Blancs-Manteaux, St-Nicolas-du-Chardonnet, La Sorbonne, St-Germain-l'Auxerrois, St-Geamain-des-Près, St-Gervais, St-Médard, St-Sulpice), Pont-de-l'Arche, Quillebeuf, Rouen (St-Godard, St-Patrice, St-Romain), Savianges, Toulouse (Cathédrale), Troyes (Cathédrale, St-Jean, St-Martin-ès-Vignes, St-Nicolas, St-Pantaléon), Versailles (Château).

TABLE DES MATIÈRES

1658 1898 B 51

IMPRIMERIE KAPP, PARIS-VANVES. — 1948.
DÉPÔT LÉGAL: 4e TRIMESTRE 1944.
FLAMMARION ET Cie, ÉDITEURS (N° 1213). N^o D'IMPRESSION 4265.

LA GRAMMAIRE DES STYLES

CETTE collection a pour but de présenter au public, sous une forme nouvelle, une série de Précis sur l'Histoire de l'Art.

La juxtaposition de l'illustration et d'un texte très concis permettra aux moins initiés de comprendre aisément la caractéristique des Styles et d'en suivre l'évolution.

Collection : " MANUELS D'INITIATION "

INITIATION AU DESSIN, par R. X. Prinet (16 pl. hors-texte).

INITIATION A LA PEINTURE, par R. X. Prinet (24 pl. hors-texte).

INITIATION A LA SCULPTURE, par H. Arnold (16 pl. hors-texte).

INITIATION A L'ARCHITECTURE, par G. Gromort (16 pl. hors-texte).

INITIATION A LA GRAVURE, par R. Bonfils (16 pl. hors-texte).

Robert DUCHER

CARACTÉRISTIQUE DES STYLES

Volume in-8° illustré de 410 sujets de styles
dont 18 reproductions photographiques.